CÍRCULO
DE POEMAS

a quatro mãos

Roy David Frankel
Yasmin Nigri

amizade

há muitos quilômetros entre eu e o meu amigo
subo as escadas do sossego com ele

coloco a cabeça para fora e alcanço estrelas trabalhando
[em milagres

somos a parte plana das areias à beira-mar recebendo a
[chegada contínua das águas

temos os pés na corrente mas os olhos contemplam as
[árvores transbordando sementes

digo a ele: é preciso construir um cárcere e cobrir os
[olhos para que a luz intrusa da infância
[penetre na casa mortificada

colocamos a pedra da infância de pé
fortificamos a morada onde nem todos entram

sabemos que ancorar no espaço é raiz absoluta da escrita
produz ecos nos corações à procura

quando escrevemos somos o sono de um sonho bom
eu brincando de você
você brincando de mim

a quatro mãos

em mil filosofias nos perdemos
nossa lei: tocar o infinito

nosso choro solto
no chão de giz

avançamos sinais vermelhos
em meio ao inverno alemão

como bons brasileiros
a pálpebra treme
como quem diz não tem jeito

atravessamos de mãos dadas
as encruzilhadas da vida

escrevemos poemas
assim que o passo vacila

juntamos nossas vozes
a quatro mãos

estilingue gravitacional

sei que perdi
direção e força
rota errática
contra a gravidade

engenheira das obras inacabadas
sou toda sonda
nas sombras de um luto estilingue

desatar os nós
deles fazer elástico
quando pegar impulso
consumir tudo
a pequena dor, o grande trauma
a luz que não escapa

ir além das impossibilidades estatísticas
manobra cinética
ímpeto energético
do vácuo para a nave

sentir a deformação do espaço-tempo
calcular a rota
deixar o amanhã
ganhar velocidade

trajetória traçada
percebam
vou gravitar assistida

carvão sobre carvão

escrevi daquele lugar
onde a palavra brota da terra
o brilho ofuscado no sinal vermelho
o brilho engolido no sinal sombrio
horizonte musgo negro
fungos em seu trabalho ancestral
você duvida
contudo fui eu mesmo a pintar carvão sobre carvão
na promessa de um aceno imaginário
raios gama cravados em palavras
esperando que os dias terminem

óleo das horas

achei a balança
colheita queimada no pé
tinta sem luz em papel de seda
mel do exílio sob o véu da mágoa

compreende?

hoje vou começar a esquecer
que gosto de pensar com a primavera
e amar com um pé no chão

patas de barata
pela casa
perdi as contas

creio que seu corpo se extraviou
na sombra incandescente das suas escolhas

qual membro fantasma
essa memória se debate
quando vou ao sol

torço para não ver
seus tentáculos
nos fiapos plásticos
de um vômito
preso ao travesseiro

óleo das horas
não dormidas
na boca o gosto
melhor dizendo
a gosma
do seu nome

insônia de amar pelo retrovisor

é difícil espantar
maus espíritos

o que vou contar
aos filhos que não tivemos?

vozes

a doença fala com a minha voz
em delírios tortos

correntes forjadas com medos
serpentes com seu toque suave
grades feitas de fumaça

tenho vários corações vulneráveis
deslizando lado a lado

a doença me arrasta pelos rumos errados
em cada esquina pó, cinismo ou abismo

quando a escuto não percebo a diferença
lhe dou razão antes da dúvida
lhe tenho a mão e a mesa posta

ando perdida em pensamentos
me vejo acelerada logo cedo

beijo um peixe laranja
no vidro do aquário

farol vermelho me faz sinal
o céu expõe sua espuma

por fora tudo parece normal
por dentro a doença faz tempestade

me salva a palavra amiga desse outro
me põe em xeque e a reconheço
por enquanto, até a próxima chamada

troca essa lente

troca essa lente, percebe?
vê o espelho com novos óculos
menos áridos e de vidros coloridos

você não é baralho de um naipe só
viver é ouros e por vezes convertemos em espadas

troca essa lente, percebe?
a sua já está arranhada pelas marcas do tempo
suja e cheia de dedos

vê com o corpo
pele de vulneráveis cordas
que o mar oferece à areia

troca essa lente, percebe?
você é mais do que essa imagem baça
mais do que esses contornos disformes
rugido impenetrável da ausência
em que se misturam figura e fundo

percebe? troca essa lente
a incerteza
ameaça o acorde maior
no veneno furtivo das ondas

o mundo te quer e te deseja
sorrindo, de novo, toda cheia de alegria
gargalhando alto em meio à noite escura
sendo exatamente quem você é

é preciso começar mais uma vez
perde feliz
o que fez sentido
a dor do paraíso

diáspora

tomo remédios
o andar do relógio é áspero
não me acostumei à neblina
acordar em diáspora
onde encostar meu cansaço?

uma vez amei e matei dragões
tantas outras tropecei nas horas ultrajadas
costumava me guiar pelo cruzeiro do sul
agora tudo não passa de alfinetes
perdidos, abstratos, absurdos, abjetos
abomino o mínimo inferno
de uma vida pobre em metáforas

morrem as folhas
mal a palavra se aproxima
entoa o corvo um canto grave
mineral monotemático
da mesma madrugada
os dias caminham de costas
busco em vão uma culpa qualquer
vontade de dizer não
o ar passa agudo na traqueia
atravessando o amargo das minhas lâminas

tudo é uma armadilha
toda areia movediça
toda luz sirene
vontade de fugir

de quê? de quem?
página que nunca vira
perseguido por um crime não cometido
inveja das cidades que podem cair
enquanto junto cada joule de energia

outra vez morre o verde
atravessa um vento agulha
na luz curva da manhã
olhar pastoso
cheiro de adeus
gosto sempre ferroso
rosto arrastado no asfalto

o que eu queria
na minha cabeça
era outra cabeça

escarpas

passo dias adormecida
café preto
pálpebras trêmulas
pulmão provisório

nesse pasmo das madrugadas
montanha que escalo sem vontade
rastro pegajoso de cada morte

mais que sono ou gula
gasto mal o tempo
já não molho as plantas
banhos são luxo

a rotina sufoca lentamente
sapo cozido em fogo baixo

calor das âncoras conhecidas
esqueço-me do que posso
indiferença e castigo

correntes de giz me prendem
escarpas de um reino que não chegou

despedida

erotismo bandido
ou cárcere erótico

de todo modo presa
no seu labirinto

desarmo minhas defesas
escondo meu rosto sob o lençol

escuto as paredes dizendo sua cor
é urgente jogar no lixo

a pronúncia do seu perfume
dissipar esse gosto de morte

aceitar glacial
a despedida na garganta

galáxias

como se tudo fugisse ao lugar
exceto essa inhaca de enxofre
emaranhado de pedras compactas
sumidouro atrás do espelho
perfume e cantos rumo ao nada

nem mesmo a luz foge à deriva
nada escapa ao colapso
fissuras e fendas famintas

corrente que arrasta
cachoeiras espaciais
urgências nebulosas

abomino sua onipresença

verifico com nitidez
galáxias partidas
buraco negro em verso
no ralo do seu silêncio

além da fúria total
deve haver palavra
que resista ao desgaste
nas bordas que devoram
o raio dos seus domínios

deitado em tempestade
outro arco gravitacional

algum efeito estilingue
no abismo dessa espiral
alguém que mereça existir
já se encontra aqui radical

gemido que não se retrai
matéria que não se curva

aurora

arqueada por vozes roubando o ar
labirinto das pequenas memórias
nosso luto é nevasca de cinzas

vazio que desgoverna
vento que corta o fogo
na lua abandonada

luz do passado sussurrando
no porão de um sonho atroz
curva de sangue na madrugada

coisas comuns que gostaria
motivos para semear
me pensar distante
me pensar rizoma

mas na janela aberta há pólen
presença do uivo feroz

pão de luz entre os homens repartido
penélope que nada fia
el quijote sem moinhos

aguento firme a transição
ulisses sem cera
mastro ou tripulação

três máquinas místicas

três novelos de pelo
três ecos nessa cama-cachoeira
três universos acêntricos

aprendi sua língua
sopro de arte
rio vazante
nascente seca
olhos que piscam na noite de lua cheia

quão pouco possuo além da memória
quanto ganhei, quanto deixei para trás

como um desenho apagado
nenhum miado colorido
das três máquinas místicas

hoje guardo seus bigodes na carteira
artigo raro
ouvi dizer
que trazem sorte

semana

segunda assino o divórcio
terça natação

uma linha salva o horizonte
a outra apaga a superfície

quarta sobrevivo como posso
quinta sopro do abismo

um passo me empurra
o outro me dissolve

sexta de ventos contraditórios
sábado recém-nascido

um instante impede a visão
o outro impõe disciplina

domingo o relógio não passa
nos cacos de vidro das horas

noite ácida

acordei?
as horas passam
piscina de ossos

ouvido que não conforta
a mente se instala formiga
em arranha-céu

vestígios dispersos
de bom-dia

cama-ouriço
roupa banhada em aço
sótão de nuvem cortante

caminhos que não se abrem
mitos que se alimentam

feitos de ruga e sal
rumores de um muro

fosse o fim tão gentil
quanto esse ninho instalado
na guarda baixa dos anos

agora noite ácida
trinca no bico do abutre

o barqueiro

nas curvas da dor
um barqueiro pergunta
onde estão as moedas

busco dar conta da troca
duvido que apoie
o regime dos que têm fome
e habitam ninhos de pedra

ele diz: não é verdade
a moeda real jamais será lisa
a moeda real é densa e cruel

melhor assim
não tenho emprego
coração empenhado
assassinei este afeto
minhas mãos só silêncio

o barqueiro sugere que vá
à taberna em que um dia escrevi
com dedos de armadeira
máquinas de histórias
jamais contadas

caio na razão
respondo que sem problemas
lembro o caminho
que lá perdi o poder do abraço

e entornei as primeiras flores
na grama descabida

antes que visse a margem
ilumino isto
escondo aquilo
acordo ensimesmado
nas cinzas do pensamento
e pego a locomotiva
sem quietude no rosto

da corrente se faz moeda
mal dá pra morrer
ou viver
mas em breve serei outro

lava sobre metal

antes de atirar ao vulcão
este anel
e a roupa do corpo
alugo um barco

não que eu queira
mas há tempo
de um cigarro

tenho um adeus sem jeito
enquanto perco seu nome da porta
os ciprestes agora me riem
exagero em tudo

ontem fui atacado
onde dói a nuca
por dois amantes
liam poemas de amor

voltaram os enjoos
escrevi na areia
a floresta em pasto

aquece as pernas um espasmo
paixão em movimento

perco a segurança dos limites
segundos antes
da lava encontrar o metal

o nadador

estou à beira de sumir e trocar de nome
no horizonte indistinguível esse rasgo
braços e pernas alternados contra o mar
meu foco, tal fogo-fátuo, flui

não vá embora
na pressa que dá quando acaba a hesitação
ou vá, mas vá devagar

minhas mãos só lâmina cortam a água
kinhin marítimo
sem viradas olímpicas
sem curvas, competidores
apenas um ponto de referência
e certa inclinação dos raios de sol

se apaixonar pela vida
é uma escolha repetitiva
meus ouvidos preenchidos de ondas
meu corpo já um
dois
três
respira
um
dois
três

estio do amor

cauterizando a ferida
com barra de ferro
em campo de guerra
sem anestesia

zootropia

vontade de voar por impulso
subo sem receio as escadas do sonho
desço rampas em chamas

aceito o indeterminado, o inexprimível
deixo-me derreter e remoldar
zootropia na fita de möbius

lembro-me de esquecer dostoiévski
acomodo a leveza e o peso, juntos
navego em universo simbólico

abraço os fantasmas, desamedronto-os
brinco de coisas sérias
choro quando o momento pede

sorrio sem apagar a dor
estou cansado
mas não me transformei na tristeza

é preciso mordê-lo com força

recozer o barro, refazer a peça
um dia chamada coração

babel

na borda da língua e do fim
do verso, da página, do poema

ou daquilo que nos estica a noite de dentro
tudo eram fugas em meus olhos

o sangue é ferroso na boca
adubo verbal antigangrena

lápides sem cal nem marcações
bisturi neolatino sem anestesia

extraio o pus antes da costura
até chegar ao mel de flores, do sal e do sol

degusto a inteligência dos mortos
colmeia incessante e vital

eles me segredam: as colunas de babel eram prosa
senão ainda estariam de pé

desejo

a língua não cala seu nome apesar da voz despovoada
estou a um espanto do silêncio e falho
o passo descansa nos degraus de uma viagem interrompida
o que nunca tatuei salta aos olhos
enquanto chamo o desejo com assobios

há alguém atento ao que tento tocar?

entre meus papéis
mãos descansando em fogo
me perco em imagens díspares
às vezes comuns

disponho de um corpo descrente
passagens ilegíveis
palavras sem remédio
tento cristalizar bumbos e pratos em orquestra
ao alcance de outros tempos

certos dias perco a esperança
manias e hábitos como sentimentos
noutros sou sobressaltada pela criança
falo por dentro ao auditório das lembranças
termino todos os versos com interrogação

dias nublados são propícios
a uma tal melancolia derramada
já os dias de sol trazem poemas alegres e metáforas gastas

na prosa da lentidão
a filosofia vem próxima
como quem chega demasiado tarde
ao fim de uma batalha exaustiva
versos são quebras na modorra das tardes de domingo
linhas varando soltas como rio

penso em mudar de país, desapossar-me
vaguear pelos corações incendiados
perguntar-me: que feridas? que cicatrizes?
perseguir fragmentos na chuva ácida da história
por onde entrar na beleza do corpo dilacerado?

sobre o suposto nome do amor seria melhor não perguntar
alô, astronauta
cintilo e exalto sua nudez
entro num quarto sem certo ou errado
há alguém me ouvindo aí da lua?
há alguém atento ao que tento tocar?

a quem me roubará

medo de magoar aqueles que amo

os que semeiam minha vida e me dão casa
deles colho um sonho que é meu e também alheio

tenho digerido as lágrimas e o sangue
dirigindo a caneta e o livre-arbítrio

escutei de um ladrão e tomei sua voz emprestada

respingos nas paredes frágeis
não ouço o coração, roubo-lhe a carne

regresso ao lugar de onde nunca saí
o mesmo em que jamais estive

transponho a janela que dá em parte alguma
caio no conhecimento obscuro de olhar

estou inabitada na morada das palavras
sem sentido, como quem lê, pertenço a quem me roubará

DIREÇÃO EDITORIAL Fernanda Diamant e Rita Mattar
COORDENAÇÃO DA COLEÇÃO E EDIÇÃO Tarso de Melo
COORDENAÇÃO EDITORIAL Juliana de A. Rodrigues
ASSISTENTE EDITORIAL Rodrigo Sampaio
REVISÃO Eduardo Russo
IMAGEM DE CAPA Julia Bac, [Sem título], 2025
DIRETORA DE ARTE Julia Monteiro
PROJETO GRÁFICO Alles Blau
EDITORAÇÃO ELETRÔNICA Página Viva

CIP-BRASIL. CATALOGAÇÃO NA PUBLICAÇÃO
SINDICATO NACIONAL DOS EDITORES DE LIVROS, RJ

F913q

Frankel, Roy David — Nigri, Yasmin
A quatro mãos / Roy David Frankel, Yasmin Nigri — 1. ed. — São Paulo : Círculo de Poemas, 2025.

ISBN: 978-65-6139-086-6

1. Poesia brasileira. I. Título.

CDD: B869.1
25-99067.0 CDU: 82-1(81)

Gabriela Faray Ferreira Lopes — Bibliotecária — CRB-7/6643

circulodepoemas.com.br
fosforoeditora.com.br

Editora Fósforo
Rua 24 de Maio, 270/276, 10º andar
01041-001 — São Paulo/SP — Brasil

FSC
www.fsc.org
MISTO
Papel | Apoiando o manejo florestal responsável
FSC® C011095

A marca FSC® é a garantia de que a madeira utilizada na fabricação do papel deste livro provém de florestas gerenciadas de maneira ambientalmente correta, socialmente justa e economicamente viável e de outras fontes de origem controlada.

ipsis

CÍRCULO DE POEMAS

O **Círculo de Poemas** é a coleção de poesia da Editora Fósforo que também funciona como clube de assinaturas. Seu catálogo é composto por grandes autores brasileiros e estrangeiros, contemporâneos e clássicos, além de novas vozes e resgates de obras importantes. Os assinantes do clube recebem dois livros por mês — e dão um apoio fundamental para a coleção. Veja nossos últimos lançamentos:

LIVROS

Destinatário desconhecido: uma antologia poética (1957-2023). Hans Magnus Enzensberger (trad. Daniel Arelli).

O dia. Mailson Furtado.

O Kit de Sobrevivência do Descobridor Português no Mundo Anticolonial. Patrícia Lino.

Se o mundo e o amor fossem jovens. Stephen Sexton (trad. Ana Guadalupe).

Quimera. Prisca Agustoni.

Sílex. Eliane Marques.

As luzes. Ben Lerner (trad. Maria Cecilia Brandi).

A extração dos dias: poesia 1984-2005. Claudia Roquette-Pinto.

Noite devorada. Mar Becker.

Por isso as papoulas. Andreev Veiga.

Voo breve sob o sol. Ana Costa dos Santos.

História das crianças. Rafael Zacca.

PLAQUETES

Soneto, a exceção à regra. André Capilé e Paulo Henriques Britto.

Inferninho. Natasha Felix.

Cacto na boca. Gianni Gianni.

O clarão das frestas: dez lições de haicai encontradas na rua. Felipe Moreno.

Mostra monstra. Angélica Freitas.

é perigoso deixar as mãos livres. Isabela Bosi.

A língua nômade. Diogo Cardoso.

Dois carcarás. Leandro Durazzo.

Muchacho e outros poemas. Rodrigo Lobo Damasceno.

As cidades. Caetano W. Galindo.

Outras peles. Lucas Guimaraens.

Makunaimã morî mai: palavras belas de Makunaimã. Trudruá Dorrico.

CÍRCULO
DE POEMAS

Este livro foi composto em GT Alpina
e GT Flexa e impresso pela gráfica Ipsis
em julho de 2025. Eu brincando de você,
você brincando de mim.